하늘과 바람과 별과 詩

윤동주 육필원고 사진판

윤동주 지음 / 이복규 엮음

지식과교양

차 례

Ⅰ. 윤동주육필원고사진판 하늘과바람과별과詩

I

윤동주육필원고사진판

하늘과바람과별과詩

No. 2

죽는 날까지 하늘을 우러러
한점 부끄럼이 없기를,
잎새에 이는 바람에도
나는 괴로워했다.
별을 노래하는 마음으로
모든 죽어가는 것을 사랑해야지
그리고 나한테 주어진 길을
걸어가야겠다.

오늘밤에도 별이 바람에 스치운다.

1941. 11. 20.

No. 3

自畵像

산모퉁이를 돌아 논가 외딴우물을 홀로 찾어가선 가만히 드려다 봅니다.

우물속에는 달이 밝고 구름이 흐르고 하늘이 펼치고 파아란 바람이 불고 가을이 있읍니다.

그리고 한 사나이가 있읍니다.
어쩐지 그 사나이가 미워저 돌아갑니다.

돌아가다 생각하니 그 사나이가 가엽서집니다. 도로가 드려다 보니 사나이는 그대로 있읍니다.

다시 그 사나이가 미워저 돌아갑니다.
돌아가다 생각하니 그 사나이가 그리워집니다.

少年

여기저기서 단풍잎 같은 슬픈 가을이 뚝뚝 떨어진다. 단풍잎 떨어져 나온 자리마다 봄을 마련해 놓고 나무가지 우에 하늘이 펼처있다. 가만이 하늘을 드려다 보려면 눈섭에 파란 물감이 든다. 두손으로 따뜻한 볼을 쓰서보면 손바닥에도 파란 물감이 묻어난다. 다시 손바닥을 드려다 본다. 손금에는 맑은 강물이 흐르고, 맑은 강물이 흐르고, 강물속에는 사랑처럼 슬픈 얼골 — 아름다운 順伊의 얼골이 어린다. 少年은 황홀이 눈을 감어 본다. 그래도 맑은 강물은 흘러 사랑처럼 슬픈얼골 — 아름다운 順伊의 얼골은 어린다.

一九三九.

No. 6

눈 오는 地圖

順伊가 떠난다는 아츰에 말못할 마음으로 함박눈이 나려, 슬픈것처럼 窓밖에 아득히 깔린 地圖 우에 덮힌다.

房안을 도라다 보아야 아무도 없다. 壁과 天井이 하얗다. 房안에까지 눈이 나리는 것일까, 정말 너는 잃어버린 歷史처럼 홀홀이 가는 것이냐, 떠나기前에 일러둘말이 있든것을 편지를 써서도 네가 가는 곳을 몰라 어느 거리, 어느 마을, 어느 지붕밑, 너는 내 마음속에만 남어 있는 것이냐, 네 쪼고만 발자욱을 눈이 자꼬 나려 덮여 따라갈수도 없다. 눈이 녹으면 남은 발자욱 자리마다 꽃이 피리니 꽃사이로 발자욱을 찾어 나서면 一年 열두달 하냥 내마음에는 눈이 나리리라.

一九四一. 三. 一二.

No. 7

돌아와 보는 밤

세상으로부터 돌아오듯이 이제 내 좁은 방에 돌아와 불을 끄옵니다. 불을 켜두는 것은 너무나 피로롭은 일이옵니다. 그것은 낮의 延長이옵기에—

이제 窓을 열어 空氣를 바꾸어 드려야 할텐데 밖을 가만이 내다보아야 房안과 같이 어두어 꼭 세상 같은데 비를 맞고 오든 길이 그대로 빗속에 젖어 있사옵니다.

하로의 울분을 씻을바 없어 가만히 눈을 감으면 마음속으로 흐르는 소리, 이제, 思想이 능금처럼 저절로 익어 가옵니다.

一九四一, 六.

No. 8

病院

살구나무 그늘로 얼굴을 가리고, 病院 뒤
뜰에 누어, 젊은 女子가 흰옷 아래로 하
얀다리를 드려내 놓고 日光浴을 한다.
한나절이 기울도록 가슴을 알른다는 이
女子를 찾어 오는 이, 나비 한마리도
없다. 슬프지도 않은 살구나무 가지에는
바람조차 없다.

나도 모를 아픔을 오래 참다 처음으로
이곳에 찾어왔다. 그러나 나의 늙은 의
사는 젊은이의 病을 모른다. 나안테는
病이 없다고 한다. 이 지나친 試鍊, 이
지나친 疲勞, 나는 성내서는 않된다.

女子는 자리에서 일어나 옷깃을 여미고
花壇에서 金盞花 한포기를 따 가슴에
꼽고 病室안으로 살어진다. 나는 그女子

No 9

의 健康이 —— 아니 내 健康도 速히
回復되기를 바라며 그가 누엇든 자리에
누어본다.

一九四〇, 一二,

No. 10

새로운 길

내를 건너서 숲으로
고개를 넘어서 마을로

어제도 가고 오늘도 갈
나의 길 새로운 길

문들레가 피고 까치가 날고
아가씨가 지나고 바람이 일고

나의 길은 언제나 새로운 길
오늘도 …… 내일도 ……

내를 건너서 숲으로
고개를 넘어서 마을로

一九三八. 五. 十

看板없는 거리

停車場 플랱폼에
나렸을 때 아무도 없어,

다들 손님들뿐,
손님 같은 사람들뿐,

집집마다 看板이 없어
집 찾을 근심이 없어

빨갛게
파랗게
불붙는 文字도 없이

모퉁이마다
慈愛로운 헌 瓦斯燈에
불을 혀놓고,

손목을 잡으면
다들 어진 사람들
다들 어진 사람들

봄. 여름. 가을. 겨울.

[illegible]

[illegible]

No. 12

太初의 아침

봄날 아침도 아니고
여름, 가을, 겨울,
그런날 아침도 아닌 아침에

빨-간 꽃이 피여낫네,
해ㅅ빛이 푸른데,

그 前날 밤에
그 前날 밤에
모든 것이 마련되엿네,

사랑은 뱀과 함께
毒은 어린 꽃과 함께

No. 13

또 太初의 아침

하얗게 눈이 덮이었고
電信柱가 잉잉 울어
하나님 말씀이 들려온다.

무슨 啓示일까.

빨리
봄이 오면
罪를 짓고
눈이
밝아

이브가 解産하는 수고를 다하면

無花果 잎사귀로 부끄런 데를 가리고

나는 이마에 땀을 흘려야겠다.

1941. 5. 31.

새벽이 올 때까지

다들 죽어가는 사람들에게
검은 옷을 입히시오.

다들 살아가는 사람들에게
흰 옷을 입히시오.

그리고 한 寢臺에
가지런히 잠을 재우시오.

다들 울거들랑
젖을 먹이시오.

이제 새벽이 오면
나팔소리 들려 올게외다.

一九四一.五.

무서운 時間

거 나를 부르는 것이 누구요.

가랑잎 이파리 푸르러 나오는 그늘인데,
나 아직 여기 呼吸이 남아 있소.

한번도 손들어 보지 못한 나를
손들어 표할 하늘도 없는 나를

어디에 내 한몸 둘 하늘이 있어
나를 부르는 것이오.

일이 마치고 내 죽는 날 아침에는
서럽지도 않은 가랑잎이 떨어질 텐데……

나를 부르지 마오.

一九四一.二.七

十字架

쫓아오든 햇빛인데
지금 敎會堂 꼭대기
十字架에 걸리였습니다.

尖塔이 저렇게도 높은데
어떻게 올라갈 수 있을가요.

鍾소리도 들려오지 않는데
휘파람이나 불며
서성거리다가,

괴로웠든 사나이,
幸福한 예수·그리스도에게
처럼
十字架가 許諾된다면

모가지를 드리우고
꽃처럼 피여나는 피를

No. 17

어두어 가는 하늘밑에
조용히 흘리겠읍니다.

一九四一. 五. 三一.

바람이 불어

바람이 어디로부터 불어와
어디로 불려가는 것일가,

바람이 부는데
내 괴로움에는 理由가 없다.

내 괴로움에는 理由가 없을가.

단 한 女子를 사랑한 일도 없다.
時代를 슬퍼한 일도 없다.

바람이 자꾸 부는데
내 발이 반석우에 섰다.

강물이 자꾸 흐르는데
내 발이 언덕우에 섰다.

一九四一, 六, 二

No. 18

슬픈族屬

흰 수건이 검은 머리를 두르고
흰 고무신이 거츤발에 걸리우다.

흰 저고리 치마가 슬픈 몸집을 가리고
흰 띠가 가는 허리를 질끈 동이다.

一九三八、九、

눈 감고 간다

太陽을 사모하는 아이들아
별을 사랑하는 아이들아

밤이 어두었는데
눈감고 가거라.

가진바 씨앗을
뿌리면서 가거라.

발뿌리에 돌이 채이거든
감았던 눈을 와짝떠라.

一九四一.五.三一.

또 다른 故鄕

故鄕에 돌아온 날 밤에
내 白骨이 따라와 한방에 누웠다.

어둔 방은 宇宙로 通하고
하늘에선가 소리처럼 바람이 불어온다.

어둠 속에 곱게 風化作用하는
白骨을 들여다 보며
눈물 짓는 것이 내가 우는 것이냐
白骨이 우는 것이냐
아름다운 魂이 우는 것이냐

志操 높은 개는
밤을 새워 어둠을 짖는다.

어둠을 짖는 개는
나를 쫓는 것일게다.

가자 가자
쫓기우는 사람처럼 가자
白骨 몰래
아름다운 또 다른 故鄕에 가자.

一九四一. 九

21

길

잃어버렸읍니다.
무얼 어디다 잃었는지 몰라
두 손이 주머니를 더듬어
길에 나아갑니다.

돌과 돌과 돌이 끝없이 연달아
길은 돌담을 끼고 갑니다.

담은 쇠문을 굳게 닫어
길 우에 긴 그림자를 드리우고

길은 아침에서 저녁으로
저녁에서 아침으로 통했읍니다.

돌담을 더듬어 눈물 짓다
쳐다보면 하늘은 부끄럽게 푸릅니다.

별헤는밤

季節이 지나가는 하늘에는
가을로 가득차 있읍니다.

나는 아무 걱정도 없이
가을속의 별들을 다 헤일듯합니다.

가슴속에 하나 둘 새겨지는 별을

이제 다 못헤는 것은
쉬이 아침이 오는 까닭이오,
來日밤이 남은 까닭이오,
아직 나의 靑春이 다하지 않은 까닭입니다.

별하나에 追憶과
별하나에 사랑과
별하나에 쓸쓸함과
별하나에 憧憬과

No. 25

별 하나에 詩와
별 하나에 어머니, 어머니,

어머님, 나는 별 하나에 아름다운 말 한마디씩 불러봅니다. 小學校 때 册床을 같이 했든 아이들의 이름과 佩, 鏡, 玉 이런 異國少女들의 이름과 벌써 애기 어머니 된 계집애들의 이름과, 가난한 이웃 사람들의 이름과, 비둘기, 강아지, 토끼, 노새, 노루, 「프랑시스・쨈」「라이넬・마리아・릴케」 이런 詩人의 이름을 불러 봅니다.

이네들은 너무나 멀리 있습니다.
별이 아슬히 멀듯이,

어머님,
그리고 당신은 멀리 北間島에 계십니다.

나는 무엇인지 그리워

이 많은 별빛이 나린 언덕 우에
내 이름자를 써 보고,
흙으로 덮어 버리었읍니다.

딴은 밤을 새워 우는 벌레는
부끄러운 이름을 슬퍼하는 까닭입니다.

(一九四一. 十一. 五.)

그러나 겨울이 지나고 나의 별에도 봄이 오면
무덤 우에 파란 잔디가 피어나듯이
내 이름자 묻힌 언덕 우에도
자랑처럼 풀이 무성할 게외다.

No. 26

Ⅱ

윤동주 육필원고 하늘과 바람과 별과 詩의 재입력본

-원본대로 입력하되 한자에는 한글을 병기함.

하늘과바람과별과詩(시)

-童舟(동주)-

鄭炳昱兄(정병욱형) 앞에

尹東柱(윤동주) 呈(정).

죽는 날까지 하늘을 우르러
한점 부끄럼이 없기를,
잎새에 이는 바람에도
나는 괴로워했다.
별을 노래하는 마음으로
모든 죽어가는것을 사랑해야지
그리고 나안테 주어진 길을
거러가야겠다.

오늘밤에도 별이 바람에 스치운다.

1941.11.20.

自畵像(자화상)

산모퉁이를 돌아 논가 외딴우물을 홀로찾어가선 가만히 드려다 봅니다.

우물속에는 달이 밝고 구름이 흐르고 하늘이 펼치고 파아란 바람이 불고 가을이 있습니다.

그리고 한 사나이가 있습니다.
어쩐지 그 사나이가 미워저 돌아갑니다.

돌아가다 생각하니 그사나이가 가엽서집니다. 도로가 드려다 보니 사나이는 그대로 있습니다.

다시 그사나이가 미워서 돌아갑니다. 돌아가다 생각하니 그사나이가 그리워집니다.

우물속에는 달이 밝고 구름이 흐르고 하늘이 펼치고 파아란 바람이 불고 가을이 있고 追憶(추억)처럼 사나이가 있습니다.

一九三九.九.

少年(소년)

여기저기서 단풍닢 같은 슬픈가을이 뚝뚝 떠러진다. 단풍닢 떠러저 나온 자리마다 봄을 마련해 놓고 나뭇가지 우에 하늘이 펼처있다. 가만이 하늘을 들여다보려면 눈썹에 파란 물감이 든다. 두손으로 따뜻한 볼을 쓰서보면 손바닥에 도파란 물감이 묻어난다. 다시 손바닥을 드려다 본다. 손금에는 맑은 강물이 흐르고, 맑은 강물이 흐르고, 강물속에는 사랑처럼 슬픈얼골 - 아름다운 順伊(순이)의 얼골이 어린다. 少年(소년)은 황홀이 눈을 감어 본다. 그래도 맑은 강물은 흘러 사랑처름 슬픈얼골 - 아름다운 順伊(순이)의 얼골은 어린다.

一九三九.

눈오는地圖(지도)

順伊(순이)가 떠난다는 아츰에 말못할 마음으로 함박눈이 나려, 슬픈 것처럼 窓(창)밖에 아득히 깔린 地圖(지도)우에 덮힌다.

房(방)안을 도라다 보아야 아무도 없다. 壁(벽)과 天井(천정)이 하얗다. 房(방)안에까지 눈이 나리는 것일까. 정말 너는 잃어버린 歷史(역사)처럼 홀홀이 가는것이냐. 떠나기前(전)에 일러둘말이 있든 것을 편지를 써서도 네가 가는 곳을 몰라 어느거리, 어느마을, 어느집웅밑, 너는 내 마음속에만 남어 있는 것이냐. 네 쪼고만 발자국을 눈이 작고 나려 덮혀 따라갈수도 없다. 눈이 녹으면 남은 발자욱자리마다 꽃이 피리니 꽃사이로 발자욱을 찾어 나서면 一年(일년)열두달 하냥 내마음에는 눈이 나리리라.

一九四一.三.一二.

돌아와보는밤

세상으로부터 돌아오듯이 이제 내 좁은방에 돌아와 불을 끄옵니다. 불을 켜두는것은 너무나 피로롭은 일이옵니다. 그것은 낮의 延長(연장)이옵기에…

이제 窓(창)을 열어 空氣(공기)를 밖구어 드려야할텐데 밖을 가만이 내다 보아야 房(방)안과같이 어두어 꼭 세상같은데 비를 맞고 오든길에 그대로 비속에 젖어 있사옵니다.

하로의 울분을 씻을바 없어 가만히 눈을 감으면 마음속으로 흐르는 소리, 이제 思想(사상)이 능금처럼 저절로 익어가옵니다.

一九四一.六.

病院(병원)

살구나무 그늘로 얼골을 가리고, 病院(병원)뒷뜰에 누어, 젊은 女子(여자)가 흰옷아래로 하얀다리를 드려내 놓고 日光浴(일광욕)을 한다. 한나절이 기울도록 가슴을 앓른다는 이 女子(여자)를 찾어 오는 이, 나비 한마디도 없다. 슬프지도 않은 살구나무가지에는 바람조차 없다.

나도 모를 아픔을 오래 참다 처음으로 이곳에 찾어왔다. 그러나 나의 늙은 의사는 젊은이의 病(병)을 모른다. 나안테는 病(병)이 없다고 한다. 이 지나친 試鍊(시련), 이 지나친 疲勞(피로), 나는 성내서는 않된다.

女子(여자)는 자리에서 일어나 옷깃을 여미고 花壇(화단)에서 金盞花(금잔화) 한포기를 따 가슴에 꼽고 病室(병실)안으로 살어진다. 나는 그女子(여자)의 健康(건강)이-- 아니 내 健康(건강)도 速(속)히 回復(회복)되기를 바라며 그가 누엇든 자리에 누어본다.

一九四0.一二.

새로운길

내를 건너서 숲으로
고개를 넘어서 마을로

어제도 가고 오늘도 갈
나의길 새로운길

문들레가피고 까치가 날고
아가씨가 지나고 바람이 일고

나의길은 언제나 새로운길
오늘도……내일도……

내를 건너서 숲으로
고개를 넘어서 마을로

一九三八.五

看板(간판)없는거리

停車場(정거장) 푸랕 폼에
나렸을때 아무도없어,

다들 손님들뿐,
손님같은 사람들뿐,

집집마다 看板(간판)이없어
집 찾을 근심이없어

빨가케
파라케
불붙는 文字(문자)도없이

모퉁이마다
慈愛(자애)로운 헌 瓦斯燈(와사등)에
불을 혀놓고,

손목을 잡으면

다들어진사람들
다들어진사람들

봄, 여름, 가을, 겨을
순서로 돌아들고.

一九四一

太初의아츰

봄날 아츰도 아니고
여름, 가을, 겨울,
그런날 아츰도 아닌 아츰에

빨-간 꽃이 피어났네,
해ㅅ빛이 푸른데,

그前날밤에
그前날밤에
모든것이 마련되었네.

사랑은 뱀과 함께
毒은 어린 꽃과 함께

또太初(태초)의아츰

하얗게 눈이 덮이엿고
電信柱(전신주)가 잉잉 울어
하나님말슴이 들려온다.

무슨 啓示(계시)일가.
빨리
봄이 오면
罪(죄)를 짓고
눈이
밝어

이브가 解産(해산)하는 수고를 다하면

無花果(무화과) 잎사귀로 부끄런데를 가리고

나는 이마에 땀을 흘려야겟다.

1941.5.31.

새벽이올때까지

다들 죽어가는 사람들에게
검은 옷을 입히시요.

다들 살어가는 사람들에게
힌 옷을 입히시요.

그리고 한 寢台(침대)에
가즈런이 잠을 재우시요

다들 울거들랑
젖을 먹이시요

이제 새벽이 오면
나팔소리 들려 올게외다.

一九四一.五.

무서운時間(시간)

거 나를 부르는것이 누구요,

가랑닢 입파리 푸르러 나오는 그늘인데,
나 아직 여기 呼吸(호흡)이 남어 있소.

한번도 손들어 보지못한 나를
손들어 표할 하늘도 없는 나를

어디에 내 한몸둘 하늘이 있어
나를 부르는 것이오.

일이 마치고 내 죽는날 아츰에는
서럽지도 않은 가랑닢이 떠러질텐데……

나를 부르지마오.

一九四一.二.七

十字架(십자가)

쫓아오든 햇빛인데
지금 敎會堂(교회당)꼭대기
十字架(십자가)에 걸리었습니다.

尖塔(첨탑)이 저렇게도 높은데
어떻게 올라갈수 있을가요.

鐘(종)소리도 들려오지 않는데
휘파람이나 불며 서성거리다가,

괴로왔든 사나이,
幸福(행복)한 예수 · 그리스도에게
처럼
十字架(십자가)가 許諾(허락)된다면

목아지를 드리우고
꽃처럼 피여나는 피를
어두어가는 하늘밑에

조용이 흘리겠읍니다.

一九四一.五.三一.

바람이 불어

바람이 어디로부터 불어와
어디로 불려 가는 것일가.

바람이 부는데
내 괴로움에는 理由가 없다.

내 괴로움에는 理由가 없을가.

단 한女子를 사랑한 일도 없다.
時代를 슬퍼한 일도 없다.

바람이 작고 부는데
내발이 반석우에 섰다.

강물이 작고 흐르는데
내발이 언덕우에 섰다.

—一九四一.六.二.

슬픈族屬(족속)

흰 수건이 검은 머리를 두르고
흰 고무신이 거츤발에 걸리우다.

흰 저고리 치마가 슬픈 몸집을 가리고
흰 띠가 가는 허리를 질끈 동이다.

一九三八.九.

눈감고간다

太陽(태양)을 사모하는 아이들아
별을 사랑하는 아이들아

밤이 어두었는데
눈감고 가거라.

가진바 씨앗을
뿌리면서 가거라

발뿌리에 돌이 채이거든
감었든 눈을 왓작떠라.

一九四一.五.三一.

또다른故鄕(고향)

故鄕(고향)에 돌아온날밤에
내 白骨(백골)이 따라와 한방에 누엇다.

어둔 房(방)은 宇宙(우주)로 通(통)하고
하늘에선가 소리처럼 바람이 불어온다.

어둠속에 곱게 風化作用(풍화작용)하는
白骨(백골)을 드려다 보며
눈물 짓는것이 내가 우는것이냐
白骨(백골)이 우는것이냐
아름다운 魂(혼)이 우는것이냐

志操(지조) 높은 개는
밤을 새워 어둠을 짖는다.

어둠을 짖는 개는
나를 쫓는 것일게다.

가자 가자
쫓기우는 사람처럼 가자
白骨(백골)몰래
아름다운 또다른 故鄕(고향)에가자.

一九四一.九.

길

잃어 버렸습니다.
무엇 어디다 잃었는지 몰라
두손이 주머니를 더듬어
길에 나아갑니다.

돌과 돌과 돌이 끝없이 연달어
길은 돌담을 끼고 갑니다.

담은 쇠문을 굳게 닫어
길우에 긴 그림자를 드리우고

길은 아츰에서 저녁으로
저녁에서 아츰으로 통했습니다.

돌담을 더듬어 눈물 짓다
처다보면 하늘은 부끄럽게 프릅니다.

풀 한포기 없는 이길을 걷는것은

담저쪽에 내가 남어 있는 까닭이고,

내가 사는것은, 다만,
잃은것을 찾는 까닭입니다.

一九四一.九.三一.

별헤는밤

季節(계절)이 지나가는 하늘에는
가을로 가득 차있습니다.

나는 아무 걱정도 없이
가을속의 별들을 다 헤일듯합니다.

가슴속에 하나 둘 색여지는 별을
이제 다 못헤는것은
쉬이 아츰이 오는 까닭이오,
來日(내일)밤이 남은 까닭이오,
아직 나의 靑春(청춘)이 다하지 않은 까닭입니다.

별하나에 追憶(추억)과
별하나에 사랑과
별하나에 쓸쓸함과
별하나에 憧憬(동경)과
별하나에 詩(시)와
별하나에 어머니,어머니,

어머님, 나는 별 하나에 아름다운 말 한마디식 불러봅니다. 小學校(소학교)때 冊床(책상)을 같이 햇든 아이들의 일홈과, 佩(패), 鏡(경), 玉(옥) 이런 異國少女(이국소녀)들의 일홈과 벌서 애기 어마니 된 게집애들의 일홈과, 가난한 이웃사람들의 일홈과, 비둘기, 강아지 토끼, 노새, 노루, 「쭈랑시쓰 · 짬」「라이넬 · 마리아 · 릴케」 이런 詩人(시인)의 일홈을 불러봅니다.

이네들은 너무나 멀리 있습니다.
별이 아슬이 멀듯이

어머님,
그리고 당신은 멀리 北間島(북간도)에 게십니다.

나는 무엇인지 그리워
이많은 별빛이 나린 언덕우에
내 일홈자를 써보고,
흙으로 덮허 버리엿습니다.

따는 밤을 새워 우는 버레는
부끄러운 일홈을 슬퍼하는 까닭입니다.

그러나 겨울이 지나고 나의 별에도 봄이 오면
무덤우에 파란 잔디가 피여나듯이
내일홈자 묻힌 언덕우에도
자랑처럼 풀이 무성 할게외다.

一九四一.十一.五.

Ⅲ

하늘과 바람과 별과 詩

편집 이후 씌어진 7편 시의 재입력본

- 홍장학, 《정본 윤동주 전집 원전연구》, 문학과 지성사, 2004 참고. 원문대로 적되, 한자는 괄호 안에 한글을 병기하였음.

肝(간)

바닷가 해빛 바른 바위 우에
습한 肝(간)을 펴서 말리우자,

코카사쓰 山中(산중)에서 도망해 온 토끼처럼
둘러리를 빙빙 돌며 肝(간)을 직히자.

내가 오래 기르든 여윈 독수리야!
와서 뜯어먹어라, 시름없이

너는 살지고
나은 야위어야지, 그러나,

거북이야!
다시는 龍宮(용궁)의 誘惑(유혹)에 안 떨어진다.

푸로메디어쓰 불쌍한 푸로메디어쓰
불 도적한 죄로 목에 맷돌을 달고
끝없이 沈澱(침전)하는 푸로메디어쓰.

_1941. 11. 29.

懺悔錄(참회록)

파란 녹이 낀 구리 거울 속에
내 얼골이 남어 있는 것은
어느 王朝(왕조)의 遺物(유물)이기에
이다지도 욕될가.

나는 나의 懺悔(참회)의 글을 한 줄에 줄이자.
一滿(만) 二十四(이십사) 年(년) 一個月(일개월)을
무슨 기쁨으로 바라 살아왔든가

내일이나 모레나 그 어느 즐거운 날에
나는 또 한 줄의 懺悔錄(참회록)를 써야 한다.
—그때 그 젊은 나이에
웨 그런 부끄러운 告白(고백)을 했든가.

밤이면 밤마다 나의 거울을
손바닥으로 발바닥으로 닦어 보자.

그러면 어느 隕石(운석) 밑으로 홀로 걸어가는

슬픈 사람의 뒷모양이
거울 속에 나타나 온다.

(1942). 1. 24.

흰 그림자

黃昏(황혼)이 짙어지는 길모금에서
하로 종일 시드른 귀를 가만이 기우리면
땅검의 옮겨지는 발자취 소리.

발자취 소리를 들을 수 있도록
나는 총명했든가요.

이제 어리석게도 모든 것을 깨달은 다음
오래 마음 깊은 속에
괴로워하든 수많은 나를
하나, 둘 제 고장으로 돌려보내면
거리 모퉁이 어둠 속으로
소리 없이 사라지는 흰 그림자.

흰 그림자들
연연히 사랑하든 흰 그림자들,

내 모든 것을 돌려보낸 뒤

허전히 뒷골목을 돌아
黃昏(황혼)처럼 물드는 내 방으로 돌아오면

信念(신념)이 깊은 으젓한 羊(양)처럼
하로 종일 시름없이 풀포기나 뜯자.

_(1942). 4. 14.

흐르는 거리

으스럼이 안개가 흐른다. 거리가 흘러간다.

저 電車(전차), 自動車(자동차), 모든 바퀴가 어디로 흘리워 가는 것일가? 定泊(정박)할 아무 港口(항구)도 없이, 가련한 많은 사람들을 싣고서, 안개 속에 잠긴 거리는,

거리 모퉁이 붉은 포스트 상자를 붙잡고, 섰을라면 모든 것이 흐르는 속에 어렴풋이 빛나는 街路燈(가로등), 꺼지지 않는 것은 무슨 象徵(상징)일까? 사랑하는 동무 朴이여! 그리고 金(김)이여! 자네들은 지금 어디 있는가? 끝없이 안개가 흐르는데,

"새로운 날 아츰 우리 다시 情(정)답게 손목을 잡어 보세" 몇 字(자) 적어 포스트 속에 떨어트리고, 밤을 새워 기다리면 金徽章(금휘장)에 金(금)단추를 삐였고 巨人(거인)처럼 찬란히 나타나는 配達夫(배달부), 아츰과 함께 즐거운 來臨(내림),

이 밤을 하욤없이 안개가 흐른다.

_(1942). 5. 12.

사랑스런 追憶(추억)

봄이 오든 아츰, 서울 어느 쪼그만 停車場(정거장)에서
希望(희망)과 사랑처럼 汽車(기차)를 기다려,

나는 푸라트폼에 간신한 그림자를 떨어트리고,
담배를 피웠다.

내 그림자는 담배 연기 그림자를 날리고,
비둘기 한 떼가 부끄러울 것도 없이
나래 속을 속, 속, 햇빛에 비춰, 날었다.

汽車(기차)는 아무 새로운 소식도 없이
나를 멀리 실어다 주어,

봄은 다 가고 --- 東京(동경) 郊外(교외) 어느 조용한 下宿房(하숙방)에서, 옛 거리에 남은 나를 希望(희망)과 사랑처럼 그리워한다.

오늘도 汽車(기차)는 몇 번이나 無意味(무의미)하게 지

나가고,

오늘도 나는 누구를 기다려 停車場(정거장) 차가운
언덕에서 서성거릴 게다.

---아아 젊음은 오래 거기 남어 있거라.

_(1942). 5. 13.

쉽게 씌워진 詩(시)

窓(창)밖에 밤비가 속살거려
六疊房(육첩방)은 남의 나라,

詩人(시인)이란 슬픈 天命(천명)인 줄 알면서도
한 줄 詩(시)를 적어 볼가,

땀내와 사랑내 포그니 품긴
보내 주신 學費(학비) 封套(봉투)를 받어

大學(대학) 노--트를 끼고
늙은 教授(교수)의 講義(강의) 들으러 간다.

생각해 보면 어린 때 동무들
하나, 둘, 죄다 잃어버리고

나는 무얼 바라
나는 다만, 홀로 沈澱(침전)하는 것일가?

人生(인생)은 살기 어렵다는데
詩(시)가 이렇게 쉽게 씌워지는 것은
부끄러운 일이다.

六疊房(육첩방)은 남의 나라,
窓(창)밖에 밤비가 속살걸기는데,

등불을 밝혀 어둠을 조금 내몰고,
時代(시대)처럼 올 아츰을 기다리는 最後(최후)의 나,

나는 나에게 적은 손을 내밀어
눈물과 慰安(위안)으로 잡는 最初(최초)의 握手(악수).

_1942. 6. 3.

봄

봄이 血管(혈관) 속에 시내처럼 흘러
돌, 돌, 시내 가차운 언덕에
개나리, 진달래, 노--란 배추꽃,

三冬(삼동)을 참어 온 나는
풀포기처럼 피여난다.

즐거운 종달새야
어느 이랑에서나 즐거웁게 솟처라.

푸르른 하늘은
아른, 아른, 높기도 한데 ……………

엮은이의 말

- 이 책을 내는 이유

엮은이의 말

이 책을 내는 이유

윤동주육필원고본 '하늘과바람과별과詩'(《사진판 윤동주 자필 시고전집》 수록)는 특별합니다. 이른 시기 우리 근현대문학사에서 시인이 출판하려 편집해 놓은 육필원고본이 고스란히 남아있는 경우는 유례를 찾아보기 어렵기 때문입니다. 대부분의 시인은 이런 저런 지면을 빌어 작품을 발표하고, 일정한 시기에 이르러 그것들을 모아 편집해 내서 그런지, 육필 원고가 전량 남은 경우란 이례적입니다.

윤동주 시인은 험한 세월 탓에 살아생전 그 작품 모두를 발표할 수는 없었습니다. 대부분의 작품은 육필원고 상태로 본인이 지니고 있었지요. 그러다 연희전문을 졸업하던 해인 1941년 말에 졸업기념 시집을 내려고 18편의 작품을 골라내어, 원고지에 정서해 제목까지 붙이되 모두 세 벌을 만들었고, 그중 한 벌만 연희전문 후배 정병욱 교수의 정성에 힘입어 온전히 전해져 해방과 함께 책으로 발간되었습니다. 이른바 1948년에 정음사에서 나온《하늘과 바람과 별과 詩》가 그것이지요. 그러고도 육필원고가 여전히 남아 있어, 작품을 이해하는 데 소중한 단서들을 제공하고 있으니 복된 일입니다.

하지만, 윤동주 시인이 애초에 편집해 놓은 '하늘과바람과별과詩'는 아직까지 원형 그대로 시집으로 발간된 적이 없습니다(최근 소와다리출판사에서 '역사재중'이라 하여, '윤동주에 대한 일본 교토 지방재판소의 판결문' 일어원문과 국문 번역문과 함께, 이 육필원고의 복사본을 비매품으로 영인해, 초판본 구입자에게 사은품으로 제공하였으나 독립된 책자는 아니며, 더욱이 〈太初의아츰〉, 〈바람이불어〉 이 두 편이 누락돼 있습니다.). 1948년에 나온 이른바 '초판본'은 윤동주가 편집해 놓은 18편-흔히들 이른바 '서시'를 독립된 시작품으로 보아 19편으로 집계하고 있으나, 나는 '머리말'로 보아 18편-, 이 18편에다 12편을 보태서 낸 '증보판'입니다. 그 12편 가운데는, 연희전문 졸업 후 작고할 때까지 새로 쓴 7편(〈간〉, 〈참회록〉 등)만 더해진 게 아니라, 윤동주의 자기 검열에서 걸러낸 5편(〈밤〉, 〈유언〉 등)도 들어가 있습니다. 윤동주 시인이 세상에 내놓고 싶어 하지 않은 작품까지(그것도 모두가 아니라 5편만) 보탠 셈이지요(물론 윤동주 시인과 그 시를 사랑하는 마음에서 그렇게 한 것이겠지만……).

'초판본'을 이어 1955년에 나온 제2판〔증보재판〕(1955)에서는 작품수가 더 늘어나 92편이 되었습니다. 윤동주가 빼고 싶었던 작품들을 더 많이 끌어들인 것이지요. 1976년에 나온 제3판에서는 23편이 더 보태져, 현재까지 전하는 윤동주유고시 작품의 총량은 115편입니다.

'초간본'(1948)과 그 이후의 판본을 살펴보면, (1) 제목, (2) 수록 작품, (3) 이른바 '서시'의 처리, (4) 표기 등에서 육필원고본과는 일정한 거리가 있는 게 사실입니다. 변형이 가해진 셈이지요. 윤동주 시인은 18편만 골라서 내려고 마음먹었고, 이 18편을 대상으로 '하늘과바람과별과詩'라는 제목을 달았던 것인데, 그 뒤의 편집자들은 30편, 92편, 115편으로 계속 증보해 내면서도, 계속하여 '하늘과 바람과 별과 시'라는 제목을 유지했는데 이는 잘못된 일이라 생각합니다.

이른바 '서시'의 처리 문제도 그렇습니다. 육필원고본에서는 이 글에 아무런 제목도 달지 않은 채 맨 앞머리에 놓는가 하면 행 가름도 그 뒤의 시작품과는 구별되게 하여, 독자로 하여금 이게 본문의 시들과는 엄연히 다른 성격의 글 즉

'머리말'임을 알아차리게 했던 것으로 보입니다. 하지만 '초간본'에서부터 변형을 가하기 시작해, '서시'라는 제목을 부여하는가 하면 아예 '하늘과 바람과 별과 詩'라는 부제까지 임의로 첨가해 놓습니다. 원본과는 다르게 편집자가 그렇게 했다는 설명을 붙여 놓지 않아, 독자들로서는 애초에 윤

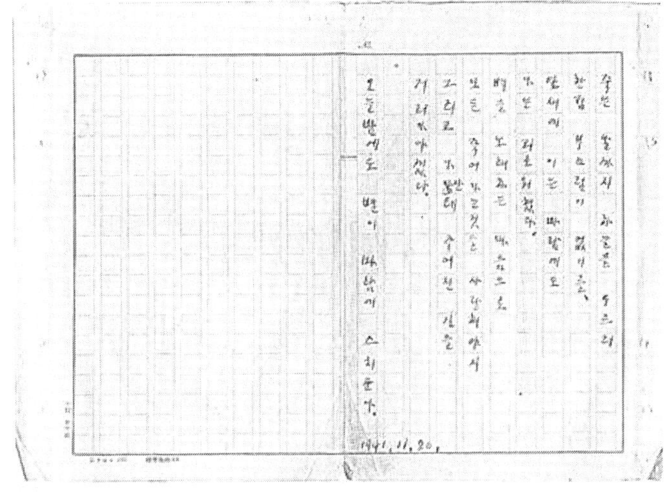
죽는 날까지 하늘을 우러러
한점 부끄럼이 없기를,
잎새에 이는 바람에도
나는 괴로워했다.
별을 노래하는 마음으로
모든 죽어가는것을 사랑해야지
그리고 나한테 주어진 길을
걸어가야겠다.

오늘밤에도 별이 바람에 스치운다.

1941.11.20.

▲ 윤동주 '자필시고'에서의 이른바 '서시'의 원형

동주가 그랬던 것으로 오인할 수 있습니다.

표기도 그렇습니다. '드려다 봅니다'를 '들여다 봅니다', '가엽서집니다'를 '가엾어집니다', '단풍닢'을 '단풍잎', '떠러진다'를 '떨어진다', '덥힌다'를 '덮인다', '밖구어'를 '바꾸

어' 따위로 바꾸어 놓았습니다. 모든 표기를 맞춤법에 맞게 한 것도 아닙니다. 바꾸려면 다 바꾸든지, 아니면 원형대로 했어야 마땅하다고 봅니다.

이렇게 원본과 일정한 거리를 가진 상태로 나왔지만, 초간본(1948) 및 제2판〔증보재판〕(1955) '하늘과 바람과 별과 시'는 우리 문학사에 뚜렷한 자장을 형성합니다. 초간본이야 극히 한정판으로 찍어내어 유통이 제한적이었지만, 제2판〔증보재판〕은 광범위하게 읽혀져, 본격적인 윤동주론과 윤동주시론의 출현을 야기하였습니다. 이른바 '서시'를 독립작품으로 여겨 우수작품이라 평가하기 시작한 것도 이 제2판〔증보재판〕이 나온 다음부터입니다. 초간본에서는 제목과 본문 전체에 각각 점선을 둘러놓아, 당시의 독자들은 그것을 머리말로 여겨 거론하지 않았던 게 분명합니다. 초판본에 서문을 써준 정지용 시인도 '서시'에 대해서는 한마디도 하지 않았습니다. 머리말인 걸 알았던 게지요. 그러나 제2판〔증보재판〕에 와서 둘레의 점선을 벗겨내 버림으로써, 독자들은 이를 〈자화상〉을 비롯한 다른 작품과 동등한 시작품으로 여겼던 것이지요. 김열규 교수의 '윤동주론', 김윤식 · 김현 교수 공저 《한국문학사》의 평가 들이 이를 잘 보여줍니다. 그 각주를 보면, 모두 제2판〔증보재판〕을 근거로 작성된 글이기 때문이지요(이분들도 초판본을 보았다면 이

(序 詩)

"하늘과 바람과 별과 詩"

죽는 날까지 하늘을 우러러
한점 부끄럼이 없기를,
잎새에 이는 바람에도
나는 괴로워했다.
별을 노래하는 마음으로
모든 죽어가는것을 사랑해야지
그리고 나한테 주어진 길을
걸어가야겠다.

오늘밤에도 별이 바람에 스치운다.

(1941. 11. 20)

▲ 제1판(1948년)에서의 이른바 '서시'의 변형

른바 '서시'는 시로 다루지 않았을 것이라 생각합니다).

또 하나의 자장은, 초간본과 제2판〔증보재판〕에서, '머리말'을 '서시'로 바꾸어 놓은 이래, 우리 시문학계에 '서시' 신드롬 또는 序(머리말)의 독립작품〔갈래〕화 현상이 일어난

일입니다. 김수영 시인을 비롯해 최근(2016년) 신덕룡 시인의 시집《하멜서신》에 이르기까지, '서시' 한 편씩을 써서 시집 속에 포함하는 양상이 이어지고 있습니다. 재미있게도, 윤동주 시인은 이를 머리말이 들어갈 위치에 놓았던 것인데, 초간본과 제2판〔증보재판〕의 영향 아래, 이를 독립작품으로 오인해, 시집의 중간에도 놓는 등 진풍경이 빚어지고 있습니다. '서시'들만 따로 모아서 연구해도 될 만큼 풍부합니다.

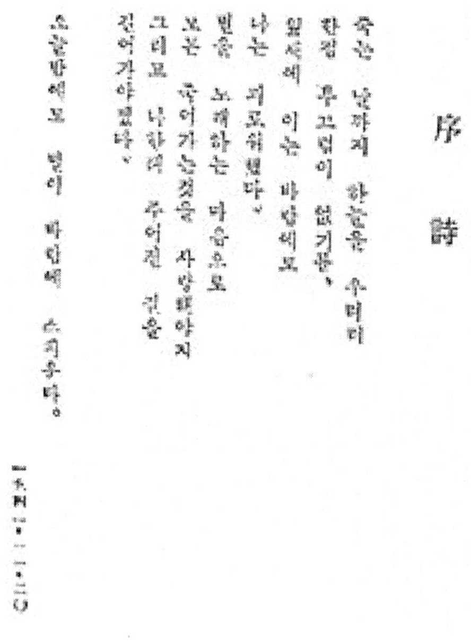
序詩

죽는 날까지 하늘을 우러러
한점 부끄럼이 없기를,
잎새에 이는 바람에도
나는 괴로워했다.
별을 노래하는 마음으로
모든 죽어가는 것을 사랑해야지
그리고 나한테 주어진 길을
걸어가야겠다.

오늘밤에도 별이 바람에 스치운다.

一九四一·一一·二〇

▲ 제2판(1955년)에서의 이른바 '서시'의 변형

이런 자장에 힘입어, 윤동주 시인의 이른바 '서시'는 시집의 '序(서)' 즉 '머리말'이 본문의 시 작품보다 더 유명해진 결과를 낳았습니다. 물론 머리말로 출발한 시라도 명작이라면 얼마든지 평가받을 수 있습니다. 작자의 의도도 중요하지만 독자의 반응도 의미 있기 때문이지요. 그러나 전제조건이 있습니다. 시인 윤동주 시인의 애초 편집 의도는 사실대로 밝혀야 하고, 그 뒤에 가해진 편집자의 의도는 의도대로 따로 알려야 한다는 점입니다. 그와 같은 사실이 아직 연구자와 독자에게 충분하게 인식되지 않았다고 나는 판단합니다.

이 책을 엮어 내는 이유가 여기 있습니다. 제1부에 윤동주육필원고사진판 '하늘과바람과별과詩'를, 제2부에 윤동주육필원고 '하늘과바람과별과詩'의 재입력본을, 제3부에 '하늘과바람과별과詩' 편집 이후 씌어진 7편 시(〈간〉, 〈참회록〉 등)의 재입력본을 소개하였습니다. 제1부의 육필원고 사진판의 저본은 소와다리출판사에서 낸 '歷史在中(역사재중)' 수록 복사본입니다. 이용하라고 허락한 김동근 대표께 감사드립니다. 이 책의 발간에 대해 윤동주 시인의 유족에게 알리는 게 도리라 여겨 조카 윤인석 교수께 알렸으며, 겉표지의 이른바 '서시'의 원본 (윤인석 교수 소장) 사진 이미지의 저작권자인 민음사의 허락도 받았으니 고마운 마음입니다.

학자에게는, 시인이 편집한 원형 그대로 독자가 읽게 해 줄 의무가 있다고 나는 믿습니다. 그래야만, 윤동주 시인과 시에 대한 이해와 연구가 더 바람직하게 이루어지리라 확신하기 때문입니다. 그러는 데 이 책이 이바지하기를 간절히 바랍니다.

앞으로 윤동주 시인은 왜 18편만 골랐을까? 나머지 작품들은 왜 배제했을까? 이것에 대해 연구해야 합니다. 과문한 탓인지는 모르나, 18편만으로 시집을 낸 경우는 없는 듯합니다. 윤 시인이 사랑한 시인 백석의 『사슴』이 36편, 정지용 시인의 『정지용 시집』이 86편입니다. 전문 연구자들의 작업을 기대합니다.

윤동주 시인 탄생 100주년(2016년) 3월
서경대 한림관 704호에서

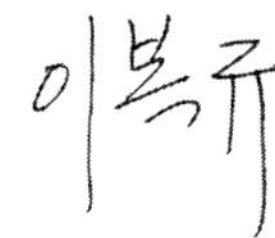

엮은이 **이복규**

국제대(현 서경대) 국어국문학과 졸업

경희대 대학원 문학박사

한국학대학원 박사과정 수학

국사편찬위원회 한문초서연수과정 수료

한국교원대 조교, 경희대, 서울시립대, 숭실대 강사

현재 서경대학교 문화콘텐츠학부 국어국문학전공 교수

이야기시집 《내탓》, 학술연구서 《설공찬전연구》, 《국어국문학의 경계 넘나들기》 등 단독저서 30여종

이복규교수의교회용어설교예화카페(http://cafe.naver.com/bokforyou) 운영중.

윤동주 육필원고 사진판

하늘과 바람과 별과 詩

초판 인쇄 | 2016년 4월 7일
초판 발행 | 2016년 4월 7일

지 은 이 윤동주
엮 은 이 이복규

책임편집 윤수경

발 행 처 도서출판 지식과교양
등록번호 제2010-19호
주　　소 서울시 도봉구 쌍문1동 423-43 백상 102호
전　　화 (02) 900-4520 (대표) / 편집부 (02) 996-0041
팩　　스 (02) 996-0043
전자우편 kncbook@hanmail.net

ISBN 978-89-6764-056-9 02810 정가 10,000원